ESSAI ANALYTIQUE

A PROPOS D'UNE

QUESTION SCIENTIFIQUE

ET MORALE

A L'ORDRE DU JOUR

PAR

J. G. ROZAT

DOCTEUR MÉDECIN DE LA FACULTÉ DE PARIS

PARIS

VICTOR PALMÉ, ÉDITEUR

25, RUE DE GRENELLE-SAINT-GERMAIN

1868

PARIS. — E. DE SOYE, IMPRIMEUR, PLACE DU PANTHÉON, 2.

ESSAI ANALYTIQUE

A PROPOS D'UNE

QUESTION SCIENTIFIQUE ET MORALE

A L'ORDRE DU JOUR

Par J. G. ROZAT
Docteur médecin de la Faculté de Paris

Devant les opinions entachées de matérialisme qu'émettent journellement des hommes livrés à l'enseignement, opinions entièrement opposées au véritable sens de la notion scientifique, au fait qui la concerne, ainsi qu'aux chastes inspirations de la foi et aux leçons de la morale, il y va de l'honneur et du devoir de ceux qui ont quelque souci de l'intérêt des familles, de la dignité nationale et surtout du respect commandé par la religion, de repousser énergiquement des théories que l'on est en droit d'appeler désastreuses.

En présence aussi des pages que livrent à la publicité les ennemis déclarés des saines doctrines, il est important de multiplier les aperçus lumineux et orthodoxes, afin de contre-balancer les appréciations d'une science insurgée contre la pensée chrétienne, de ce semblant de science qui, n'ayant pour guides que l'orgueil et le sensualisme, conduit inévitablement à la dégénérescence intellectuelle et à l'abrutissement moral.

On ne saurait, à la vérité, ne pas reconnaître que les gardiens et les défenseurs du dépôt sacré sont nombreux et dévoués, et qu'ils comptent dans leurs rangs des savants, des philosophes dignes de ce nom, des professeurs éminents, des prélats illustres sans cesse en éveil et en action (1); mais il faut avouer également que les manœuvres à déjouer sont multipliées, opiniâtres, et que, pour obtenir gain de cause, le concours de tous les hommes décidés qu'animent le sentiment du bien général et l'amour du vrai est indispensable.

Quand, sous le despotisme d'une raison présomptueuse, on en est venu à ne plus admettre qu'il y a au-dessus de l'intelligence humaine une souveraine puissance qui réclame la soumission de l'esprit, et à se persuader qu'on n'a d'autre parti à prendre que de briser les chaînes qui servent de barrière aux passions, on finit par revendiquer, pour la raison, le droit

---

(1) Le remarquable ouvrage qui a pour titre : *Le Péril social*, et la lettre à un cardinal, intitulée : *Les Alarmes de l'Épiscopat justifiées par les faits*, lettre où se trouve spécialement mentionnée la profession de foi matérialiste dont vient de retentir l'enceinte de la Faculté de Médecine de Paris, démontrent d'une manière saisissante et sans réplique cette obligation de surveiller et d'agir.

d'indépendance, on se déclare *libre-penseur* et seul juge de ses actes.

A peine entré dans cette voie, on l'encombre de ruines, tout en feignant de s'étudier à l'améliorer et à l'embellir.

Bientôt les faux et vieux systèmes subversifs d'enseignements substantiels et nobles sont rajeunis et offerts sous le titre de Progrès. Les vérités, jusque-là acceptées avec sympathie et conviction, on tente de les remplacer par un ordre de choses présenté comme une brillante conquête de la science moderne, et l'on s'évertue de la sorte à subjuguer l'esprit, afin de changer les aspirations du cœur.

Ainsi s'organise fatalement, en vue de la génération actuelle, un travail de singulière émancipation que les passions accueillent avec transport.

Et c'est dans une œuvre de ce genre que l'on place les garanties de ce qu'on appelle une heureuse transformation?

Ceux qui figurent à la tête de ce mouvement ne se doutent pas sans doute qu'ils sont le jouet de leur orgueil, quand ils essayent d'abattre l'édifice où la religion et la morale ont toujours donné asile au génie s'employant au service des intérêts humains.

Les esprits qui ont adopté pour règle protectrice de leur savoir la foi religieuse et la morale, doivent combiner leurs efforts pour assurer le triomphe de la vérité scientifique et chrétienne, et proclamer que toute science relève du savant par excellence, du suprême législateur et généreux diepensateur, de ce qui est vrai, juste et parfait.

Tributaires de Dieu, les hommes, au lieu de lui contester ses droits à leur redevance et à leur gratitude, sont tenus de rendre hommage à sa puissance et de reconnaître que, s'il se plaît à éclairer leur esprit, il exige d'eux très-souvent le sacrifice d'une raison trop éprise d'elle-même et que révolte l'ombre seule du mystère.

Or, je le demande, la raison fait-elle preuve de justice et d'un sens droit en cherchant à se soustraire à la juridiction de la raison divine, dans le but d'acquérir une liberté illimitée et une complète indépendance?

Cette raison, si remarquable par son origine et par ses priviléges, de quel discrédit n'est-elle pas frappée aux yeux des personnages sensés, lorsque, oubliant ou reniant son auteur, elle ne prend plus conseil que d'elle-même et se déclare omnipotente?

Cependant, que de mystères mettent en défaut sa logique!... Comment alors cherche-t-elle à s'affranchir de leur puissance? Par la négation, l'ironie ou le dédain.

Ainsi procède l'orgueil de la raison, orgueil dont triomphent sans peine des problèmes en apparence bien simples et qui se lient intimement à notre nature.

Dans le but de justifier cette assertion, je pourrais

invoquer mille exemples pour un, et m'autoriser de leur valeur bien significative quant à leur application aux questions de l'ordre surnaturel et aux conséquences à en déduire; mais le sujet que j'ai eu spécialement en vue ne commande pas cette exhibition.

Toutefois, avant que de l'aborder, et pour montrer que la raison, même dans les choses qui lui paraissent les plus familières, se perd souvent en conjectures ou en assertions compromettantes, quand elle s'obstine à lutter contre la puissance du mystère, je crois devoir jeter un coup-d'œil sur un fait qui intéresse au plus haut degré l'humanité, celui de la vie, et j'en prends occasion de réclamer des érudits l'explication de ce phénomène.

A peine ai-je formulé mon interrogation que j'entrevois l'impossibilité d'y répondre d'une manière satisfaisante par la physiologie et à l'aide des arguments recueillis des seules conceptions du génie. Néanmoins, je vais énoncer et analyser ce qui a été dit à ce sujet.

Je ne m'arrêterai point à démontrer l'absurdité de théories que, dans des temps d'ignorance, formulaient de soi-disant philosophes, touchant le mystère de la vie qu'ils faisaient dépendre de l'éther, du calorique infus, du feu vital, etc.

Je ne chercherai pas non plus à commenter l'opinion de Bordeu, qui envisageait la vie comme un flux de mouvements réglés et mesurés, se produisant successivement dans chaque partie et y déterminant l'exercice des fonctions inhérentes à la vie.

Faut-il s'occuper de réfuter sérieusement Voltaire et ses adeptes, qui disent de la vie qu'elle consiste dans l'organisation douée de la capacité de sentir? Pour assurer le triomphe des sens, rien de mieux que de rendre l'âme l'esclave de la matière et de puiser la justification d'un pareil procédé dans ce honteux sacrifice de l'esprit, pour un corps avide de jouissances.

Imbus des principes de la philosophie voltairienne, des médecins, en grand nombre malheureusement, ne voient aussi dans la vie que l'organisation, et, comme conséquence, qu'un entier asservissement de l'intelligence aux organes.

Répugnant à s'engager dans cette funeste voie, d'autres médecins prétendent que la vie est constituée par l'action d'un stimulus qui excite les mouvements organiques.

Mais que l'on interroge la science sur la nature de ce stimulant et sur son point de départ, elle reste muette.

Il est des physiologistes qui considèrent la vie comme le résultat du principe actif et du mouvement qui président à l'accroissement et au perfectionnement des êtres. Ne confondant pas la vie avec l'organisation, la vie, selon eux, est une puissance qui met en jeu l'organisme; *puissance ou force vive*, appelée *force vitale*, source des mouvements exécutés par les organes et qui sert à régler l'équilibre indispensable à l'entretien de la vie.

A merveille ! mais quel est le premier moteur qui sollicite l'action de cette force ou de cette puissance ? la science demeure encore silencieuse.

Dans ses considérations générales sur la vie, Bichat dit « que la vie est l'ensemble des fonctions qui résistent à la mort. »

Cette définition physiologique indique un acte sans en signaler le mécanisme ; car cet exercice des fonctions, pris comme acte de la vie, suppose nécessairement l'intervention d'un principe moteur primordial. Quel est-il, sinon une puissance d'une nature autre que la substance organique à laquelle il commande ?

Pourquoi hésiter à affirmer que cette force ou ce principe, qui échappe à nos sens, n'est qu'une émanation du souffle divin qui anima le premier homme, et qui, sans cesse se revivifie sous l'influence providentielle ?

Ainsi conçue, cette analyse du phénomène de la vie vient en aide à la saine notion physiologique : elle comble le vide du point de départ de son enseignement et imprime à son œuvre le sceau de la perfection. Je dis plus : elle met fin à toutes les hypothèses et pousse la science à un acte de foi solennel, acte de justice et d'honorable dépendance.

Que la physiologie explique l'entretien de la vie

par l'action des corps extérieurs sur l'être animé et par la réaction de celui-ci sur ces mêmes corps; qu'elle rapporte à ses influences réciproques et régulières l'équilibre fonctionnel, garantie de la santé, et que de leur jeu anormal elle fasse résulter le trouble ou le désordre amenant la maladie, elle peut être assurée de voir ses enseignements accueillis avec respect.

Après avoir parlé des vitalistes et particulièrement de Bichat, le chef du vitalisme moderne, impossible de ne pas mentionner les nouvelles tendances de plusieurs de nos physiologistes contemporains à l'adoption du mode analytique, qui, sans démonstration à l'appui, fait de la vie un produit de l'organisation, système réduit au reste à sa juste valeur, y compris le rôle que certains physiologistes font jouer à ce qu'ils nomment *le fluide nerveux électro-vital.*

Ne voir dans le mystère de la vie qu'un acte procédant de l'organisation, ainsi que l'entendaient nos philosophes du dix-huitième siècle, c'est, de la part des physiologistes auxquels je fais allusion, saper la morale en s'étayant du progrès; c'est dégrader l'intelligence au lieu d'en rehausser l'éclat.

Pour en finir sur le mystère de la vie qui déjoue toutes les subtilités du raisonnement, je citerai une définition adoptée, ce me semble, assez gratuitement, puisqu'elle énonce la chose sans l'expliquer.

Cette définition, la voici :

La vie, c'est l'état des êtres animés, tant qu'ils ont en eux le principe des sensations et du mouvement.

Y a-t-il là plus que la simple constatation d'un fait, et ne serait-ce pas circuler autour d'un *quomodò* indéfinissable que d'essayer de s'en rendre compte scientifiquement?

Dire d'un être animé qu'il vit, n'est-ce pas dire que cette situation exprime le fait même de l'existence? Or, pourquoi ajouter, comme condition de la vie, qu'il faut, pour la confirmation de ce phénomène, que l'être possède, en outre, en lui le principe des sensations et du mouvement? Ce principe serait-il, par hasard, admissible chez un sujet inanimé?

On le voit, la science humaine s'égare aisément lorsqu'elle veut soumettre le mystère à ses investigations. Cependant, que de choses mystérieuses, même dans ce qui nous semble assez naturel et jusques à ce qui nous touche de plus près. Le fait que j'ai invoqué comme exemple, celui de la vie, en est une preuve évidente.

Cet acte, le premier de tous ceux dont la science était intéressée à concevoir le mécanisme et qu'elle avait tout loisir d'étudier, nous le voyons imposer à notre raison, en faveur d'une vérité hors de sa portée analytique, le sacrifice de ses prétentions démesurées.

Le mystère dans lequel se renferme le phénomène de la vie, de la vie au début de sa manifestation, se montre non moins positivement dans l'exercice intellectuel, exercice envisagé, par des esprits fourvoyés ou malintentionnés, comme un travail du cerveau.

Ici commence le développement de la question devenue l'objet de ce Mémoire :

Avec tous les physiologistes sincères, je déclare que la physiologie est encore impuissante à prouver que ce qu'elle appelle fonction cérébrale, ou opération du cerveau, soit un acte spontané de cet organe et puisse constituer ce que l'on s'est cru autorisé à nommer son *activité*, voulant l'assimiler à l'activité de l'âme humaine ou, pour mieux dire, anéantir celle-ci à son profit.

Que le cerveau, centre d'un système nerveux spécial et réceptacle d'un réseau vasculaire merveilleusement approprié à sa structure délicate, ait été particulièrement destiné, non à concourir à la production et au développement des facultés de l'entendement et des facultés sensoriales, mais seulement à leur servir d'intermédiaire ou d'agent manifestateur, cette théorie physiologique est très-acceptable assurément.

Le rôle qu'en pareille hypothèse remplit le cerveau est important, puisque cet organe devient ainsi le messager de l'âme, soit que les opérations de celle-ci se traduisent en actes intellectuels, soit qu'elles se produisent en vue de la morale.

Cette charge concédée au cerveau, bien différente de celle à lui octroyée par la secte des organiciens, le stygmatise d'un certain relief et l'élève au premier rang quant aux attributs fonctionnels dévolus aux divers organes.

Revendiquer pour le cerveau une part plus large, loin de constituer un acte dénotant une grande portée de vue scientifique, décèle ou une aberration de jugement, ou une conspiration contre la morale.

Le prétendu savant, ou, pour me servir du langage du jour, *le positiviste*, qui s'imagine donner de solides garanties de sa valeur en affirmant d'un ton décisif qu'il n'admet que ce que peut s'expliquer sa raison, comprend-il bien la signification de l'épithète : *activité cérébrale ?* Cette activité, qu'est-elle ? matérielle ou immatérielle ? Selon la première hypothèse, que produit-elle ? Une sécrétion ? une exhalation ?

Si elle est immatérielle, par quel mécanisme la substance cérébrale engendre-t elle la pensée, le sentiment, la volonté (1) ?

La raison, il faut en convenir, méconnaît souvent sa mission. Ainsi abusée, elle se voue à la torture pour pénétrer dans un sanctuaire interdit à ses recherches.

Perdue dans le chaos de ses folles élucubrations, elle s'adresse à la passion qui lui dit : Brise le joug

---

(1) J'ai entendu un professeur de l'une de nos plus hautes chaires académiques énoncer cette opinion : Que le cerveau, organe d'une structure exceptionnelle, pourrait, jusqu'à un certain point, être considéré comme l'organe sécréteur de la pensée.

de la foi et tu seras victorieuse du mystère. Dès lors, le cerveau devient un laboratoire officieux qui se prête à toute analyse. La raison, satisfaite de ce singulier triomphe, proclame souverain un vain fantôme de science, et le prenant pour règle de sa foi et de ses jouissances, se crée une religion et une morale indépendantes, c'est-à-dire en dehors des enseignements religieux et moraux, seuls légitimes et seuls aptes à faire apprécier la science, parce qu'ils en rehaussent l'importance.

La tactique des organiciens, il est facile de s'en convaincre, tend résolûment à présenter comme vérité scientifique l'argument usé et évidemment faux de l'assujettissement de l'âme et de ses facultés aux organes, qui, de cette manière, auraient sur elle la suprématie.

Anéantissant ainsi le libre arbitre, les organiciens conduisent, par ce subterfuge, à la négation de la justice divine, en faisant observer que si la satisfaction des passions doit être envisagée comme une infraction à la loi de Dieu et à la morale, les passions dérivant intrinséquement de la sollicitation des organes, la volonté n'est pour rien dans le délit signalé.

Une remarque à cet égard :

Quand, voulant jouir sans entraves ou s'absoudre des fautes qui ont pu marquer les phases de son existence, le savant, livré aux illusions de l'esprit, vient s'abriter sous les théories enfantées par la passion ou par l'intérêt qu'il trouve à repousser le dogme d'une vie future, devenu pour lui un véritable cauchemar, ne pensez pas qu'il nie sincèrement la légalité des principes qu'il avait adoptés, alors qu'il était humble et chaste.

Dans le for intérieur, à moins qu'il ne soit frappé de cécité morale, la voix de sa conscience lui rappelle la règle qu'il a délaissée, en lui reprochant ses erreurs actuelles et lui en montrant les tristes suites.

Je l'affirme de nouveau : si le physiologiste, le médecin, le philosophe, tombent dans les erreurs scientifiques et morales que j'ai mentionnées, ce n'est point par la conviction qu'ils sont dans le vrai, mais par système, et le plus ordinairement dans un but qu'il est pénible de laisser entrevoir.

Le débat que j'ai soulevé relativement à la dépendance intellectuelle et morale qu'une nombreuse secte cherche à établir, en lui donnant la science pour soutien, exige-t-il peut-être l'exhibition de nouveaux faits susceptibles de valider mon argumentation.

Afin donc de prouver que les assertions de la science concernant la question que je traite, ne sont pas toutes marquées du sceau de l'infaillibilité, et qu'un fait qui entraîne avec lui l'évidence n'est pas toujours explicable par le raisonnement, je m'arrête à l'examen d'un acte où nous nous trouvons tous, à chaque instant, témoins et acteurs.

Dans l'état de repos, nous commandons subitement à nos bras de se soulever, de s'abaisser; à nos mains de s'ouvrir, de se fermer; à nos membres inférieurs de transporter notre corps en sens divers : à peine l'ordre est-il donné qu'il reçoit son exécution.

La physiologie fait comprendre l'acte physique, mais elle nous laisse devant un mystère quant au mode de relation qui, pour l'accomplissement de cet acte, s'établit entre les centres nerveux et l'essence immatérielle, la volonté ou puissance ordonnatrice.

La raison reconnaît bien que la volonté est une puissance active, provocatrice; ce qu'elle ne s'explique pas, c'est le lien de communication de deux choses, dont l'une, matérielle, rentre sous l'analyse scientifique, et l'autre, non visible, non tangible, se soustrait à nos investigations, élude nos calculs.

S'imaginer, après être entré dans des détails minutieux sur l'organisation de l'œil, de l'oreille, des parties figurant dans les appareils du goût, de l'olfaction, du toucher, et après avoir donné l'explication physiologique de chacune des fonctions se rapportant à ces sujets d'étude, s'imaginer, dis-je, qu'on aurait rempli les cadres du programme et épuisé les questions, ce serait grandement s'abuser. La connexion des organes des sens avec le principe moteur présidant à chaque fonction demeurerait incomprise avec les seules ressources de la raison.

Le système de Gall, burlesque échafaudage dressé

par un esprit séduit sous l'idéal d'une imagination qui, dans ses recherches, tente, mais en vain, de découvrir la réalité, pourrait paraître ingénieux, s'il n'était en désaccord avec les faits.

Une observation exacte en eût-elle confirmé la justesse, ces faits, pour les esprits éclairés et les cœurs droits, n'auraient été nullement un argument en faveur de la prépondérance du cerveau sur les déterminations de l'âme à l'endroit des passions. Inévitablement (raisonnant dans le sens de l'hypothèse), sous une inspection consciencieuse, Gall eût trouvé sur la boîte crânienne des bosses vertueuses contre-balançant, je dirai plus, dominant l'influence des bosses criminelles et rendant ainsi inadmissible une désolante fatalité.

M'exprimant plus sérieusement et rentrant dans l'orthodoxie, concernant l'esclavage supposé de l'âme et de ses facultés, sous l'empire de l'organisation, je dis que cette allégation gratuite, injuste et impie, est en flagrante contradiction avec le raisonnement (je l'ai prouvé) et avec l'enseignement chrétien, qui déclare, au nom du plus sage des législateurs, que l'homme, dans le combat de ses passions, n'aura jamais à soutenir une lutte qui serait au-dessus de sa volonté ou de sa force de résistance.

Je ramène la question au point de vue de Mgr de Bonald : *L'homme est une intelligence servie par des organes*, ce qui, pris en particulier pour le cerveau (regardé par les physiologistes comme le siége de l'âme), signifie que l'intégrité de cet organe est nécessaire à la régulière manifestation des opérations de l'âme.

Quand le cerveau devient malade spontanément ou accidentellement; lorsqu'un coup, une chute sur la tête ou toute autre cause y déterminent une congestion, la commotion, l'inflammation, un épanchement, et qu'il se déclare de la torpeur, du délire, etc., que prouvent cette torpeur, ce délire? L'intelligence humaine, cette émanation de l'âme, est alors troublée ou menacée d'extinction. Est-elle altérée dans son essence? l'âme a-t-elle subi un changement, une modification?

Une réponse négative suffit à ces questions. Répondre affirmativement, ce serait donner à entendre qu'une affection du cerveau, susceptible de déterminer la mort, anéantirait nécessairement l'âme elle-même.

Les aberrations de l'intelligence, manifestées sous la forme de la folie et terminées par la mort des sujets, n'infirment en aucune façon la doctrine que je défends.

Peu importe que le trouble intellectuel coïncide avec une altération organique, ou s'accompagne d'un violent ébranlement nerveux susceptible d'entraîner la mort sans laisser de trace de lésion cadavérique.

Dans l'un et l'autre cas, le cerveau a subi une modification incompatible avec la manifestution régulière des opérations de l'entendement ; mais, pendant tout le temps qu'a duré la folie, l'âme est demeurée intacte, comme reste intact le talent d'un artiste mis à l'épreuve sur un instrument défectueux.

Telle est l'interprétation que le spiritualisme se croira toujours autorisé à opposer au matérialisme.

« Être spiritualiste, dans la véritable acception de
« la notion psychologique, c'est avoir foi à l'activité
« de Dieu, principe, essence de l'activité de l'âme
« humaine ; c'est distinguer ce qui est instrument de
« ce qui est puissance ; c'est reconnaître la liberté
« des actes de l'esprit et la fatalité des mouve-
« ments de la matière ; c'est, en un mot, distinguer
« ce qui est de la vie spirituelle de ce qui appartient
« à la vie animale et organique.

« Dr Cerise. »

Que la physiologie vienne alléguer que la portion grise de la substance cérébrale concourt spécialement à la simple manifestation des phénomènes intellectuels, la substance blanche y demeurant à peu près étrangère, je ne m'inscris point contre le fait expérimental sur lequel elle a pensé pouvoir fonder cette opinion, à la réserve toutefois qu'elle soumette la valeur scientifique de ce fait aux conditions d'application morale que j'ai posées, en parlant du rôle du cerveau dans ses rapports avec l'exercice intellectuel (1).

La substance grise ne serait encore qu'un instrument au service de l'intelligence.

L'enseignement psychologique, concernant la question ici soulevée, proclame :

1° Que dans l'homme, l'âme seule est douée d'*activité*, qu'en raison de son activité elle agit soit par elle-même, soit par intermédiaire, en employant pour la manifestation de son énergie le service des organes.

2° Que l'âme, au contraire, prouve sa passivité, à l'occasion des sensations, phénomènes dus aux impressions ou ébranlements éprouvés par nos organes et dont les causes viennent du dehors.

3° Que c'est une erreur que de rapporter au cerveau et aux autres organes, quels qu'ils soient, nos sensations diverses.

4° Que, lorsque nous envisageons la chose de cette manière, nous sommes dupes d'une illusion.

5° Qu'ainsi la sensibilité est une propriété purement

(1) Dans une note présentée à l'Académie des Sciences, à l'occasion de la commotion cérébrale, M. Laugier prétend que le siége principal de l'intelligence et de l'activité cérébrale intentionnelle et affective est la substance grise du cerveau.

passive de l'âme, tandis que les facultés importantes appelées la volonté, la liberté, la faculté motrice, l'attention, la perception, le jugement, sont les facultés essentielles de l'âme, facultés d'où dérivent d'autres attributs, par exemple : la mémoire, l'imagination, qui se rattachent à son activité.

Créer une activité cérébrale, en remplacement de cette activité de l'âme, n'est-ce pas anéantir par cette espèce de travail matériel la plus belle de nos prérogatives?

Un précepte auquel ne se conforment pas toujours ceux qui cultivent la science en vue de ses progrès, c'est celui de soustraire à toute fâcheuse interprétation les découvertes et les faits annoncés. En éludant cette règle, ils s'exposent à compromettre des intérêts d'un ordre supérieur et à voir bientôt s'évanouir le prestige de leurs conquêtes.

Que ce que j'énonce ne laisse pas supposer que je me refuse à reconnaître le progrès scientifique dans les résultats obtenus par nos savants modernes, par ceux principalement qui s'occupent de physiologie.

Dans ces résultats, j'acclame le côté physique de l'expérimentation, pourvu qu'il devienne l'objet d'une application convenable.

Je prétends toutefois que son importance ne doit être reconnue et acceptée que d'une manière relative et sous bénéfice d'inventaire ; sans cela, certainement on s'expose à sacrifier au fait expérimental des notions érigées en principes. Ce fait peut leur donner son appui, mais il sera toujours incapable de les modifier.

Ces remarques ont, je crois, leur opportunité, en face des expériences qu'ont provoquées les recherches des physiologistes sur le système nerveux.

Ces expériences, qui ne pouvaient être faites que sur les animaux, ont fourni à ceux qui les ont entreprises l'occasion d'assigner à telle et telle portion des centres nerveux des fonctions spéciales, et de formuler des théories, d'après lesquelles des attributs d'une nature diamétralement opposée sont hypothétiquement trop liés entre eux ; aussi semble-t-on en droit de n'accepter qu'un des résultats de ces expériences, le fait matériel, le fait physique, et de n'accorder à son interprétation que le sens déduit d'un enseignement authentiquement consacré.

Que la substance grise du cerveau soit mieux adaptée que la substance blanche au service de l'âme chez l'homme, de l'instinct chez les animaux, passe ; je ne vois là qu'un instrument de choix à la disposition de deux pouvoirs de suprématie différente.

Maintenant, dire que dans cette substance grise résident l'âme humaine, l'instinct de la bête, constitue une assertion fausse, si l'on attache à cette localisation l'idée d'une connexion réelle, d'un rapport d'intimité entre les puissances directrices, l'âme et l'instinct, et leur subordonnée, la substance organique.

Que l'on conclue des expériences tentées sur la moëlle épinière que la substance grise de la moëlle, et surtout de sa partie centrale, considérée comme simple agent propagateur des impressions ou ébranlements nerveux du tronc et des membres, remplit là une mission complétement secondaire, ceci ne soulève pas d'objection sérieuse.

Au sujet du cervelet, il est utile de faire observer que c'est le doter d'un privilége qui lui est étranger que d'avancer qu'il coordonne les mouvements d'ensemble, parce que, en s'exprimant de la sorte, on le représente agissant activement en vertu d'une force à lui propre. Cette force ou faculté motrice est un des attributs spéciaux de l'âme et de l'instinct; le cervelet n'en est que l'agent manifestateur.

Ces exemples et les remarques dont je les ai accompagnés s'appliquent aux faits et aux conclusions ci-après :

De ses recherches sur les propriétés et les fonctions du système nerveux dans la classe des vertébrés, M. Flourens conclut que :

1° Le cerveau est le siége du sentiment, de la mémoire et de la volonté.

2° Le cervelet coordonne les mouvements d'ensemble.

3° La moëlle épinière est simplement irritable et conductrice (1).

(1) M. Brown Sequard, dans un mémoire lu à l'Académie des Sciences, ayant pour titre : *Recherches sur la voie de transmission des impressions sensitives de la moëlle épinière*, conclut de ses expériences de vivisections que :

1° « Ce n'est pas par les cordons postérieurs de la moëlle
« épinière, comme Charles Bell, et après lui Longet et la
« majorité des physiologistes français le prétendaient, que
« s'opère, en définitive, la transmission à l'encéphale des
« impressions sensitives reçues par le tronc et les mem-
« bres. Cette transmission s'effectue par les fibres des ra-
« cines nerveuses postérieures émanées de la moëlle épi-
« nière et se rendant, en partie à ces cordons postérieurs,
« en partie vers l'encéphale, en partie dans la direction
« opposée, de telle sorte que les unes sont ascendantes et
« les autres descendantes.

« Les fibres de ces racines postérieures qui, en petit
« nombre, se rendent aux cordons latéraux, sont aussi
« ascendantes et descendantes.

« Dans les cordons postérieurs et latéraux, ainsi que dans
« les cornes grises postérieures, les fibres descendantes
« paraissent être plus nombreuses que les fibres ascen-
« dantes.

« Les fibres ascendantes et descendantes provenant des
« racines postérieures paraissent quitter, après un court
« trajet, les cordons postérieurs et latéraux, ainsi que les
« cornes grises postérieures, pour pénétrer dans la subs-
« tance grise et centrale de la moëlle.

2° « C'est par la substance grise de la moëlle épinière, et sur-
« tout par la partie centrale, que la transmission à l'encé-
« phale des impressions sensitives reçues par le tronc et
« les membres s'opère en dernier lieu. »

M. Brown Sequard prétend que « la section des cordons
« postérieurs, c'est-à-dire des prétendus cordons sensitifs

M. Flourens développe ses conclusions de la manière suivante :

La faculté de recevoir les impressions et de vouloir les mouvements réside dans les lobes cérébraux.

Aux tubercules quadrijumeaux appartient le principe primordial des contractions de l'iris. L'iris, en effet, conserve sa contractilité, malgré l'ablation des lobes cérébraux et du cervelet. Il ne la perd qu'en perdant les tubercules quadrijumeaux.

La faculté d'exciter des contractions musculaires et de lier les contractions en mouvements d'ensemble réside dans la moëlle épinière.

La moëlle allongée est absolument indispensable à l'exécution des mouvements spontanés ou voulus.

Il suit enfin que la faculté d'ordonner ces mouvements en marche, saut ou station, dérive exclusivement du cervelet (1).

Que résulte-t-il, au demeurant, de ce qui vient d'être exposé, sinon que les faits contradictoires ou divergents de Charles Bell, de Rolando, Flourens,

« de la moëlle, loin d'anéantir le sentiment dans les mem-
« bres abdominaux, y éveille au contraire une sensibilité
« exagérée, et qu'on provoque des douleurs beaucoup plus
« vives en irritant le segment caudal de la moëlle, qu'en
« piquant ou pinçant le segment céphalique, seul capable
« pourtant, d'après les idées classiques, de transmettre les
« impressions au cerveau. »
(*Extrait du rapport de M. Broca.*)

(1) Extrait d'un rapport du docteur Ant. Dugès.

Brown Sequard et autres physiologistes éminents, quelque intéressants qu'ils soient, commandent la réserve, quant à l'adoption des conclusions auxquelles de part et d'autre ils ont donné lieu.

M. Flourens, faisant ressortir les différences essentielles qui séparaient le résultat de ses recherches de celui de Rolando, disait :

« L'expérimentateur croit exciter des convulsions par le corps calleux, c'est qu'il touche, sans s'en apercevoir, les tubercules quadrijumeaux.

« Il croit en exciter par le cervelet, c'est qu'il touche la moëlle allongée. Il s'imagine que la destruction du corps calleux suffit, comme l'avait pensé Lapeyronie, pour détruire le sens et l'intelligence, c'est qu'il ne tient pas compte des autres parties des lobes cérébraux qu'il détruit pour arriver au corps calleux. »

De là, certainement, des méprises qui influent sur les résultats.

Comme dernier argument de ma thèse, et à raison surtout des interprétations de quelques physiologistes égarés dans les méandres de l'organicisme, j'emprunte l'autorité d'un ancien professeur de philosophie du collége de Grenoble (1).

A l'occasion du débat sur les rapports du moral et du physique, il s'exprime ainsi :

« Nous dirons à ceux des physiologistes dont il est

---

(1) Larroque, *Éléments de Philosophie*, pages 127-128.

difficile de savoir, à la lecture de leurs ouvrages, s'ils admettent un principe distinct du corps :

« Vous êtes ou vous n'êtes pas matérialistes. Si vous l'êtes, il vous faut, de deux choses l'une : ou nier la pensée, ce qui n'est pas facile; ou prouver qu'elle peut être une modification de la matière, ce qui l'est encore moins.

« Avant d'entreprendre une pareille tâche, prenez garde : vous appelez sur vous une responsabilité effrayante. De vos principes sortira, lors même que vous ne le voudriez pas, cette conséquence rigoureuse qu'il n'y a plus rien de moral dans l'homme, plus de vertu ni de vice sur la terre; dès lors la société aura le droit de vous demander un compte terrible de vos doctrines et de vous charger de malédictions en vous entraînant dans sa ruine.

« Ces conséquences vous font frémir : vous n'êtes donc pas matérialistes. Si vous ne l'êtes pas, dites-le donc franchement. Dès lors, ne paraissez pas embarrassés de l'âme, afin qu'on ne puisse pas dire que vous craignez de reconnaître vos titres de noblesse. »

RÉSUMÉ ET CONCLUSIONS

En analysant les théories d'un grand nombre de nos érudits modernes et des feuilletonistes qui s'en font les échos (théories qui, en dépouillant l'âme de ses prérogatives, accordent à l'organisme une suprématie où la raison et la morale ont à puiser leur règle), les esprits éclairés, les hommes judicieux et ceux qui veulent l'ordre dans la liberté, doivent se demander s'ils peuvent, sans manquer à leur mission, rester inactifs et se laisser déborder par un vil matérialisme, rallumé au foyer mal éteint de la philosophie des Voltaire, des Diderot, des Helvétius, des Cabanis, des Broussais, etc.

Ce système, sympathique au sensualisme et ennemi des principes catholiques, cherche à se rendre familier avec nos devoirs sociaux, en adaptant son mécanisme aux excentricités du temps présent et aux jouissances sensuelles auxquelles elles servent d'introduction.

Afin d'assurer le succès de ses procédés séducteurs, il proteste de son dévouement pour le bien de tous, sous la garantie de la raison émancipée et de la science initiée aux lois de l'organisation.

Ainsi sauvegardé, il met en œuvre, selon les divers rangs de la société et les différents âges, ses publications littéraires, dogmatiques, philosophiques et autres, ses leçons orales, etc., les faisant converger vers le but final, le plaisir. Voilà les tendances que j'ai signalées et les moyens que j'ai dit être employés pour les seconder.

Je me suis attaché à démontrer que :

1° Confondant, tantôt à dessein, tantôt par ignorance des vrais principes de la philosophie, le dogme psychologique avec l'enseignement de la physiologie, on a formulé l'humiliant sophisme de l'asservissement de l'esprit à la matière, et créé une morale sensualiste.

2° Que le système des organiciens détruit le libre arbitre et attaque par conséquent les attributs essentiels de Dieu, sa justice, sa bonté et Dieu lui-même.

3° Qu'il n'y a point de sincérité chez la plupart de ceux qui adoptent la théorie mentionnée et qui veulent essayer de justifier l'adhésion qu'ils lui accordent, par le banal et illogique argument que la raison ne peut admettre que ce qui se prête à son analyse.

Que si, au reste, cette sorte de sentence était fondée, nous devrions nier tous les faits de l'ordre naturel dont la raison serait impuissante à se rendre compte.

4° Qu'acceptant ces faits mystérieux de l'ordre naturel, faits qui nous enveloppent de toutes parts, nous sommes tenus d'admettre les mystères d'un ordre supérieur, ceux de la religion chrétienne et de la morale qui en procède.

5° Que l'enseignement physiologique, relevé dans ses attributions, remarquable et fort appréciable quant à sa haute portée scientifique et à ses applications thérapeutiques, se prête admirablement aussi à la solution d'importants problèmes de psychologie ; mais que, dans cette voie, son rôle a des bornes, en sorte que, lorsqu'il a la prétention de se substituer à la règle psychologique, il usurpe un droit dont il devrait respecter la légitimité et la suprématie.

6° Que la physiologie rend compte du jeu merveilleux des organes étudiés et décrits par l'anatomie ; qu'elle établit au sujet des fonctions de ces organes des rapprochements dignes des plus hautes conceptions philosophiques ; qu'elle signale les relations, les connexions et les influences du physique sur le moral, et celles du moral sur l'organisme.

Ce rôle, certes, suffit à son exaltation ; aussi est-il navrant de voir des hommes qui se disent ses représentants et ses zélés prosélytes, le transformer, le dégrader, en le rendant tout à la fois usurpateur et corrupteur.

En parlant de la phrénologie, j'ai fait observer que des faits illusoires et une imagination dominée par le sensualisme en constituaient toute la valeur.

Que, pris au sérieux, ce système détruisait le libre arbitre et conséquemment la morale.

Concernant l'activité cérébrale, admise par un grand nombre de physiologistes dont, sur ce point, je ne partage pas les idées, j'ai dit, m'appuyant sur la psychologie, que le but de l'activité humaine étant de produire des œuvres au profit de l'humanité et par conséquent selon les vues de Dieu, l'activité de l'âme avait son principe dans l'activité divine et ne pouvait être envisagée comme une fonction organique.

Je ne crains pas d'ajouter que, lorsque la science spéculative tente de substituer à cette sublime prérogative de l'âme son fantôme d'activité cérébrale, elle fait preuve ou d'irréflexion, ou de folie, ou d'impiété.

Il résulte de ce que j'ai avancé dans cette rédaction, que la science véritablement positive et morale, celle qui a pris pour devise : *le progrès selon les desseins de Dieu et en vue de l'intérêt commun*, doit nécessairement intervenir, afin de renverser le positivisme moderne, l'œuvre matérialiste et sensuelle qui appelle à son secours l'organisme pour y trouver sa légitimation.

Je ne puis mieux clore mon résumé et mes conclusions, qu'en reproduisant l'exclamation et l'appel chaleureux d'un des auteurs que j'ai cités :

« Que l'on sache que le principe de toute certitude
« réside dans la morale; qu'elle seule est la même
« pour tous; qu'elle seule est infaillible et souveraine.

« Proclamons cette vérité hautement, assez hau-
« tement pour que ceux qui nous gouvernent nous
« entendent.

« Proclamons-la sans cesse, afin que ceux qui ré-
« pandent des enseignements dans la société nous
« écoutent et nous comprennent. »

www.ingramcontent.com/pod-product-compliance
Lightning Source LLC
Chambersburg PA
CBHW060556050426
42451CB00011B/1947